오늘의문학시인선 438

조용히 반짝이며

윤 충 시집

오늘의문학사

국립중앙도서관 출판예정도서목록(CIP)

조용히 반짝이며 : 윤충 시집 / 지은이: 윤충. -- 대전 : 오늘의문학사, 2018
p. ; cm. -- (오늘의문학시인선 ; 438)

대전문화재단과 대전광역시에서 사업비 일부를 지원받았음
ISBN 978-89-5669-972-1 03810 : ₩9000

한국 현대시[韓國現代詩]

811.7-KDC6
895.715-DDC23 CIP2018041155

조용히 반짝이며

■ 서문

오늘도 나는 또 걷습니다
짧은 한나절 햇살에 감사하며
마음의 눈이 머무는 곳
그 곳에 항상 함께 하고 싶습니다

작은 기쁨, 사랑, 열매
내가 느끼는 일상 속에서 하나하나 마주하게 되는
모든 것들을 소중히 바라보면서
영혼의 그리움을 노래하며
자신의 존재 가치에 대한 증언과 겸허한 마음으로
세 번째 시집을 엮어봅니다

이제 다 비워놓고 침묵으로 가는
들판의 고요함을 바라보면서
먼 길 돌아온 삶의 끝자락
그래도
자아 성찰의 시간은 이어질 것입니다

내 곁에서
다소곳이
정성의 몫을 다 채우도록 도와준 여러분들에게
감사드립니다

1부 내가 한 그루 나무라면

2부 모두의 꽃으로

3부 다시 꿈꾸는 가을

4부 조용히 반짝이며

1부

내가
한 그루 나무라면

진달래 꽃

간밤에 바람불고
가랑비가 내린 아침
더욱 맑고 진해진 눈부신 색깔로
적막했던 계곡을 조용히 흔들어 일 깨웁니다

아릿아릿 그리움과 함께
눈물인 듯 숨어 있다 나타난
물빛으로 피운 저 꽃

이 세상 놀라지 말고
천천히 깨어나라고
산간마을에 종소리처럼
봄이 퍼져갑니다

봄의 기억

봄날 작은 시냇가에 앉아
가벼이 맑게 떠가는
꽃 이파리들을 본다
한 때는 더 빛났을 저 가녀린 움직임들

늘 헤어짐이 예정된 반복의 시간 속
그래서 홀로 흘러가는 저 꽃잎들
맑은 하늘을 잠시 떠돌다
조용한 시간을 견디는 시냇물에
밤새 아파하며 함께 흘러가지만
졸졸대는 순한 음향들은
무딘 불면의 나를 새삼 일깨운다

이제 흘러가다 급경사의 추락으로
곤두박질 해 대는 순간도
그건 이미 우리의 정해진 巡禮 길

네 바른 소유와 꿈을 위해
나는 차라리 말하지 않고
작디작은 떨림으로
하늘이 맑게 열리는 봄을 기억하면서
되돌아서 단정히 걸어 가겠다

내가 한 그루 나무라면

내가 한 그루 나무라면 절 마당이 보이는 곳에 서 있는 소나무이고 싶다
닿을 수 없는 대웅전 용마루와 감히 키 재기라도 하며
기도하는 뭇 사람들의 머리 위로 조용히 살랑대고 싶다

햇살 곱게 비추는 봄 여름 좀 한가로운 날엔
산 넘어가는 꽃구름도 바라다보면서
지나가는 바람에 묻어오는 삶의 향기도 맡으며
개울가 겁먹은 듯 움츠린 가재 한 마리도 가려 주고
참새며 다람쥐 몇 마리를 거두는 그들의 쉼터도 되며
가지 하나는 휘어져 어린들이 지나다 어루만지게 해 주고 싶다

가을이면 낙엽들 진 사이
나는 점점 더 맑아지는 시야로
여유롭게 산행을 즐기는 사람들 대화도 귀 넘어 들으며

고목이 되고 빈 가지에 눈이 소복이 쌓여도
다른 침엽수들과 긴 침묵의 시간도 함께 하면서
의연하게 버티고 서 있는 한 그루 소나무이고 싶다

봄길

한가로운 오후의 떠도는 구름 따라
도솔산 골짜기를 홀로 걷는다

바라다 뵈는 갑천변 나무들
가볍게 흔들리며
널리 반짝이면서 빛나는 물결들을 마주 한다

산수유 그늘 물속에 잠겨 비쳐지는
저 시냇가의 맑고 부드러운 기운
한 나절 새소리도 잠겨드는데

외로운 영혼을 파묻는 오후의 바람결마저
멀리 물속에 잠겨드는 봄 날
내 가슴 속 들이미는 봄의 햇살로
당신 생각은 더 깊어집니다

감자 꽃

솔뫼 가는 길
그 길로만 접어들면
꿈결로 다가서는 듯
그리움으로 달아져
알 수 없는 웃음 한 자락도 날려 보낸다

솜털 같은 햇살 가득한 차창 밖
낮으막한 고갯길 양쪽 편으론
누구의 정성일까
흰 빛 감자꽃들이
양순하게 고갤 내미는데
못 찾아 뵌 고향 분들 뵙는 듯하여
나도 같이 부끄럽게 피어난다

언제나 외길인 이길 저 편
꿈속에서도 들랑거리던
옛집 터전도 함께 보이며

메마른 가슴을 헤집는데
애틋하게 남아있던 우리들의 이야기들이
한꺼번에 몰려들 온다

山門에서

초파일을 앞두고 연등을 달러
산문에 다달았을 때
어느 요양원에서 왔는지
한 떼의 노인들이 서로를 의지하며
겨우 겨우 절을 향해 들어선다

지난 세월 까맣게 태우고
허망한 일들도 다 접어두고
한 때 잘 나갔을 육신마저 흐느적 흐느적
허공을 응시하는 저 흐린 눈동자들
이제 무엇이 시야에 들어서는 걸까

그 뒤를 공손한 맘으로 따르며
부처님을 향하는 길
그것이 부질없는 되풀이 일지라도
나는 또 익히며
내가 내 인생에게 말한다

다시 고갤 들고 앞을 보아라

다시 꽃처럼 피어나라

오월의 햇살도

저 나무들도

새들도

불어오는 바람도

모두 모두 맞으면서

가지를 말리며

한여름 내내
온 몸 바쳐 다 내어준 마음들이
가을 고운 빛으로 물들어 가는 즈음

연한 향기 풍기며
열십자로 벌려진 채
그래도 곱게 말라가는 저 육신

메마른 내 나일 짚어보는
속절없음이여
이 늦가을 볏이삭 여물 듯
계절도 함께 시려 오는데

우리의 생도
모두 끝나고서야
속살 드러 낼텐데

눈 부신 창밖 멀리

천천히 걸어가는 인생길

그래도 가을의 끝은 허전하다

쌀 한포

또 한 해를 다 건너는
내 일상처럼 뻔한 건조한 초 겨울날
시골에 사는 막내처남이
쌀 한 포를 보내왔다

택배 쪽지를 떼어낸 자국으로
잊고 지내던 희미한 기억들이
한 줄기 햇살처럼 드리우며
설핏 설핏 어린 날들의 풍경화가
쌀자루에 엷은 먹물처럼 어른댄다

기나긴 여름날 학교를 마치고
푸르름 속 여물어 가던 들판을 지나
허리가 꼬부라져 집에 돌아와
부엌 곳곳 뒤지다 솥 한가운데
어머니의 얼굴과 함께 눈에 띄던 밥 한 그릇

겨울철 꽁꽁 언 손으로
여러 식구들 밥 지어 상 들이미시고
밥상머리 맨 끝에 앉아 계시던
차마 바라보지 못한 어머니의 밥 그릇

멀리 떨어진 도시에서 중학교 다닐 때
집에 다니러 올 적마다
기차역까지 쌀 포대 짊어지고 오셔서
찻간에 쌀 자루 밀어 놓으시곤
어렵게 허리 펴시며
무겁게 천천히 흔드시던 아버지의 고단한 손길

이 겨울
나도 누군가 등 시린 사람과
소머리 국밥집에 마주 앉아
옛날 어머니가 아랫목에 소중히 묻어 두었던

밥그릇에 얹었던 손으로
공손히 밥뚜껑 열며
따뜻한 밥 한 그릇으로
마음까지 채워 넣고 싶다

周易을 읽으며(1)

내가 周易을 배우기 시작했다는
소식을 알게 된 친구가
웃으면서 하는 말이
"대전역 앞에서 돋자리 깔고 앉아 있게-
손님은 내가 모을 테니-"
실없이 웃으며 던진 농담에
줏대 없이 나도 따라 웃는다

漢學을 제대로 익히지도 못한 자신이
최고 가치의 경전을 접하여
어찌 무한한 시사를 얻을 것인가
황당하고 두렵기도 한 마음으로
조심스레 책장을 넘겨 나간다

스승님의 강의를 들을수록
'신비롭기만 하다'
세상사 진리가 둔한 머릿속에도 파고드는 듯

잃어버린 것들의 혼이 잠시 돌아오는 듯
새롭게 가슴에 번지는 미미한 깨우침

그런 온 우주 만물의 이치를
시시덕대며 같이 웃을 수 있는 속된 내가
편안하고 순진한 걸까

모든 운명이 그러 하듯
우리의 느낌이나
생각하기 나름인 것을
복잡한 세상살이 때에 절은 말로
남의 운명 따지려 드는
돌자리 까진 못 펴도
친구가 자신의 점괘를 봐 달라고 하면
이 말은 자신있게 해 줄 것 같다
“시끄러운 세상 너무 나부대지 말고
조용히 숨 쉬다 가는 게 상책이라고 -”

三吉浦 가는 길

가는 한 해 너무 아쉬워
성구미 돌아
대호 방조제 저편
三吉浦 가는 길

새로이 드러나는 갯벌의 속살들 길게 비추며
오늘도
그리움으로 타는 노을

하루 종일 젖어 있던 포구가
변함없이 모두를 안으며
조용히 불을 켜는
기다림을 봅니다.

덩달아

따사로운 햇살이 감도는 봄날
한 떼의 어린이집 꼬마들이
주변 경내를 산책하고 있다
서로 서로 손을 잡고
노래도 하면서

갑자기 한 아이가 '콜록 콜록' 기침을 한다
그러자 기다렸다는 듯
모든 애들이 덩달아 기침을 해 댄다
'콜록 콜록' '콜록 콜록'

아니 이게 웬일
동산 위며 길가의 꽃들도
예서제서 일제히 봉우리를 여는 게 아닌가

함께 봄빛을 맞으며
덩달아 덩달아 커 가는 것이다
덩달아 덩달아 피어나는 것이다

시인의 강가

빈 벌판
걸림 없는 며칠간의 여정
또 다른 별리와 머물지 않는 시간 속
여린 그림자 데불고
시인이 산책했을 용정 해란강가를
나도 잠시 거닐어 본다

하늘과 별마저
외로운 그에게 침묵할 때
시를 쓰며 조용히 기다렸을
이 강가
그 엄숙한 순교의 시간들이 와 닿는 듯하다

의식의 표면에서 영혼의 저 깊은 곳까지
그가 갈망했을
순결과 민족, 한 가닥 소망까지
그의 맑은 혼과

영원히 지지 않을 한 가닥 빛은
가슴으로 새겨 들어오는데

긴 세월의 흔적 지우며
무심하게 흐르는 저 강물 위로
배 한척 띄워 보내고 싶은 한 나절
가고 없는 시인 따라
약속도 없는 바람만 함께 흘러간다

모르는 아이

아파트 엘리베이터 안
모르는 아이가 인사를 한다
물어보지 않아도
한 동네에서 몇 번 마주친 아이일 것이다

혼잡한 시내버스 속
모르는 아이가 자리를 양보한다
캐어보지 않아도
배운 것을 스스로 실천하는 아이일 것이다

동네 산책길 건너편
모르는 아이가 손을 흔들고 지나간다
알아보지 않아도
집 안팎에서 귀염 받는 아이일 것이다

밥집

입동이 가까운 늦은 오후
고만고만한 먹거리 집들이 즐비한 역전 뒷골목
시장 끼 때우려 들어선 백반 집
낯익은 주인 모자가 나란히 앉아
때 지난 점심으로
짜장면 그릇을 마주하고 앉아 있다
"아니 밥집에서 웬 면을 -"
대답 대신 입가에 묻은 짜장을 서로 닦아주며
환히 웃는 그들의 웃음이
전혀 낯설지 않다

나도 따뜻한 밥그릇 위에 언 손을 얹어 본다
누추하고 평이한 존재들이 찾는 밥집
춥지 않은 겨울이 그 밥집에 머물러 있다

넘어지지 않는 그대

재활병원이 줄 지어 들어서 있는 유성 온천 거리
갑천 변 둑길
스틱에 의지하여 겨우 걷고 있는 환자복의 사내
한두 발짝 사이 빈 휠체어를 밀며 뒤 따라 가는
아내인듯한 초로의 여인
병고와 삶의 무게를 겨우 지탱하며 발걸음 하는 사내
절대 넘어지진 말라며 손이 닿을 듯 말 듯
간절한 시선으로 지켜보며
마음만은 함께 걷는 여인

한결 부드러운 바람이
한 겹 연한 색깔로 천변을 감싸고 있다

따스해지는 그들의 봄날

해결사

스마트 폰을 잃어버려 애 태울 때
얼토당토않은 곳에서 찾아 내온

그 사람

요즘 먹는 것도 안색도 안 좋다며
병원에 끌고 가 기어코 숨은 병을 찾아내 준

그 사람

혹독한 추위 속 집안에만 웅크리고 있을 때
창밖은 내다보며 서서히 봄이 오고 있음을 알려준

내게 해결사인

그 사람

포장마차 풍경

설렁거리며 지낸 여름
무심코 지나가는 가을을 재촉이라도 하듯
온기가 조금씩 그리워지는 나날
시린 시간을 거두며 어느새 나타난 붕어 빵집

허공의 한기도 좁은 공간에 가두며
누군가의 시장 끼를 달래줄 달달한 눈으로
지나치는 사람들 시선을 이끈다

나도 그대가 온다면
목을 덥히는 붕어빵 몇 개 들고
외등 아래 오래 서 있어도 춥고 외롭지 않으리

몇 잎 낙엽
마른 깃털처럼
포장마차 위를 품어주고 있다

꿈꾸는 우리 곁으로

늦장 부리던 봄바람
선 잠 깨우듯
산등성이 간질이며
재 넘어 오고

한 나절 햇살로 몸 녹이며
여린 잎들은
기지개로 일어서는데
내일쯤은 봄 비 소식에
벌써 산하 가득 속살대는 기운들

모두가 꿈꾸는
그들 곁을 조용히 채우며
또 한 번의 봄이
우리 곁에 바싹 다가 와 있습니다

2부

모두의 꽃으로

관저동 별

오늘 밤에도
어김없이 나를 이끌어
아파트 창문을 열어젖히게 하는 그 대

그리움으로 가득한 밤하늘 한 켠
고층 건물들 좁은 틈 사이
외롭게 기다리고 있는
손에 닿을 듯 눈 빛 고운 별 하나

강물처럼 소리없이 흐르는 밤 하늘
말갛게 씻은 얼굴로
나를 내려다보는 듯

저 별과 서로 건너다보는 이 시간
내 안의 삶도 새롭게 마주 하며
잊고 산 영혼도 함께 일깨운다

들 길

정초 모처럼 장인 어른 산소에 성묘 가는 길
농사를 지으시던 깊은 수면의 광석 들녘이
한 눈에 들어오는 이사리 작은 언덕
밟지도 않은 눈이 군데 군데 소복이 쌓여 있는 소롯 길
자주 찾아뵙지 못하는 마음도 한데 녹아 흐른다

딸을 일곱이나 두셨던 장인어른
그 많은 식솔 들 거느리시느라
자신 존재의 길 지우며 늘 바삐 동네 골목 거니셨고
푼돈을 마련하셨던 마을 이발소는 이제 아예 흔적도 없다

생전에 뵈올 때 셋째 사위 대견해 하실 적마다
저 분은 늘 그렇게 사시나보다
데면데면했던 소견 없었음에 이제야 고갤 숙인다

장모님 먼저 보내드리고

그 많은 자식들 뒷바라지와 온갖 걱정에 어찌 눈을 감으셨을까
당신을 기억하는 아릿한 죄송함에
입춘 추위도 저 만큼 가버린다

더 오려다 마는 눈을 기다리는
깊은 침묵 속의 들녘
그 한 가운데를 질러 허허롭게 빠져 나온다

白露날에

풀풀 날리던 먼지를 들써 쓰며
운동회 연습으로 시끌벅적하던
시골학교 운동장의
새파란 인조 잔디는 낯설기만 하다

굽은 손마디가 삐걱거리던
농부들의 땀방울과 함께
출렁대던 들판의 벼들도
순해진 가을 햇살 받으며
빈 하늘을 향해 반짝 반짝 빛을 더 내는데

허기진 배 이끌며 돌아오던 하교 길
고개 마루에 앉아
들판을 내달리는 기차를 바라보며
열차를 타고 싶어 손을 흔들어 대던 소년은
들꽃처럼 소문 없이 고향을 떠나버렸다

마지막 열매를 매달고
시골집 토담에 힘겹게 의지한 호박 줄기
그 옆으로 길게 늘어진 그리운 추녀

깊어가는 그리움에
밤새 견뎌온 풀잎들이
희게 웃으며 새 날을 맞는데
마음 속 잠든 꿈을 찾아
나는
들꽃으로 또 피어난다

尹東柱 생가에서

너른 대지를 휘젓고 지나가는
한줄기 바람따라
용정에서 명동촌으로 가는 시골길
한 계절 다 보내며
흔들리는 잡풀들 사이
돌 표지석 하나 덩그렇다

하늘 닿게 큰 포플러 나무 세 그루
허허벌판 척박한 땅에서
시인의 집을 오래도록 지켜오고
오후의 빈 집을 가득 채우는
작은 새 한 마리 울음소리
맑은 가슴을 열어준다

유년 시절 그가 꿈꾸던 앞 뒤 뜨락
제 멋대로 자라 한창인
자줏빛 창포의 여린 색깔

방마다 정갈함이 묻어나는
세간들 바라보는
눈이 아려온다

잠깐 내린 부슬비
언 듯 부는 무심한 바람
이 모두가
건너편 낮은 언덕 옥수수 밭으로 달아나 버리고
또 다시 맑은 침묵속으로 빠져드는
초여름을 본다

모두의 꽃으로

은행을 향한다
며칠 후 명절이 되면
들이 닥칠 손자 손녀들 위해
세뱃돈 명목으로 용돈을 주려 돈을 찾으러 가는 참이다
이어폰으로 음악도 즐기며
지난 밤 大寒 추위의 차가운 바람도
저 듬성듬성 내리는 눈발속에 작은 꽃송이로 피워내면서
그리움 외로움의 긴 시간을 넘는 작은 발자국을 남기며 걷는다
은행에 들어서면 약속도 하지않은 소박한 어깨들과 잠시 부딪고
말없는 속에서 주고받는 그들의 일상들이 역시 환해 보인다
돌아서 가는 길
마음도 한결 따스해지면서 두툼해진 마음
그리움의 뜨락에 눈은 계속 나리고
내 노년의 길은 저만큼 앞서 가는데

이제 마음으로 함께할 아름다운 시간들을 그려본다
그래! 우리는 어떠한 약속도 없이
각자의 풀밭에서 살아가지만
이 햇살을 함께 받으며
반짝이고 펄럭이며
모두의 꽃으로 곱게 피어 나리라

초겨울 들녘에서

일년을 하루같이
노오란 꿈으로 덧칠만 해 대던 저 들녘
이제는 다 벗어던져
가릴 것도 없는 그 길을 걷는다

다 비워 버린 들판으로
어느 결에 시득시득 내리는 초겨울 비
냇둑의 몇 그루 나무들은
웅크린 새 몇 마릴 끌어안고

이제 또 한번 저무는 한해를 마음속 지워가지만
너른 벌판 검불 들 그 속으론
서로가 포옹하지 않고는 편히 잠들 수 없는
또 다른 기약의 기운이 서려 있는
그 위로 어느덧 터지는 따사로운 햇살처럼
나도 무심한 걸음을 멈추고
잠시 살가운 미소 한 자락 띄워 보내며
누군가의 기억 속으로 젖어들고 싶다

연등을 달면서

신원사 대웅전 뜰 앞
환하게 밝혀지는 연등 불빛
묵묵히 미소 지으며
중생들의 합장을 바라보고 계신 부처님을 향해
두 손을 모은다

지은 業을 따라
언제쯤 見性의 진리를 터득할것인가

따지고 보면 내 육신, 마음의 병도
모두가 인연 아닌가
그 상채기 마다
연등이나 하나씩 매달고 가야겠다

* 見性 : 불가에서, 모든 망념, 미혹을 떨치고 자신의 본디 타고난 佛性 을 깨달음을 일컫는 말

희망

이른 봄 집 베란다에
화분 몇 개를 가져다 놓는다
집안을 환하게 밝혀 줄 꽃이 피리라는 바램으로

동네 가게 자그만 빵집 주인은
매일 열심히 만두를 빚는다
누군가 맛있게 먹어줄 사람이 있다는 바램으로

한 주부가 어린이집 통학차에
꼬마의 등을 어루더듬으며 태운다
친구들과 잘 놀다 오라는 바램으로

내 눈에 띄는 사람, 사람들
모두가 대단하다
좋다고 맘먹으면 자기 것이 되리란 바램을 다 갖고 산다

낮은 뒤척임

빈 벌판에 싸락눈은 내리고
겨울나무들은 다 털어내고도 웅크린 새들을 끌어안고 있는데
버리고 싶은 지난날의 여린 꿈들을 만지작거리며
떨리는 어깨에 눈발도 함께 견디면서
우린 더 새로운 날들을 기약한다

출렁이는 바다위의 저녁 햇살을 기억 하는가
아 아 나를 위해 흔들어 대던
포구에 정박해 있는 작은 배의 깃발들
작별만의 손짓은 아니던가
우리는 고달픈 몸을 나누며
흘러가는 것들의 이유를 묻지 않으려 했지

이제 점점 쌓여가는 눈발
허약한 가을걷이와 흔들리는 사유들도
그 속에 모두 묻혀 가는데

어김없이 찾아드는 어둠속에

언 땅 위 저쪽 방마다 밝혀질 등불들은 순진한 소유를 갖고

다시 태어나는 꿈으로

어둠의 시간은 조용히 흐르고 있다

기다리는 낮은 뒤척임 들이 있다

목척교

무너져 내리는 함박눈을 맞으며
인파 속 역을 향하던 길
지나간 세월을 밟으며 다리를 건넌다

메워도 채워지지 않는 흘러간 세월
열 지은 노란 국화 화분이
빛 고운 시선을 쏟는데
높다란 아치는 낯설기만 하고
아득했던 우리의 꿈은
한 세월 그리 흘러가는 걸까

촉촉한 가을바람에
식어가는 도시의 그늘 속
나의 젖은 하루도
환한 조명등 아래
대전 천 흐르는 물에 잦아든다

霜降을 지나며

목욕탕을 나서는 써늘한 이른 아침
잎 진 가로수 아래
참새 부리 짓은 더욱 바빠진 듯 하고

콩나물 국밥집 앞
가지런히 놓여 있는 노란 국화 화분들
상긋한 가을이 머물러 앉아 있다

모두를 싸 안는 음식점 안에 들어서면
다 사라져 가는 이 늦가을에도
제 삶을 놓지 않는
체온들이 거기에 있다

다시 錦山 가는 길

지량리 모퉁이 후미지게 돌아서던 길
구부러진 허리 펴면서
논들 밭들 걸어 귀가하던 농부들 대신
뻥 뚫려버린 4차선 도로를 내 달리는 차들
내 가슴마저 구멍 내 버린 듯하다

물기 젖은 금성 저수지 넘나 들던 길
보기 좋게 익어가던 고추밭들
어느 사이 낯설게 들어선 공장들 안으로
육중한 짐차들만 들랑 댄다

점심시간에 된장찌개 백반을 먹던 사무실 주변으론
아파트 공사로 어지럽고
얼마쯤 더 불어날 사람들로 들떠 있을
그 허망함 속으로
봄 햇살은 쌓여가고 있다

그래도 새벽 물꽃을 지닌 반짝이는 강줄기
예까지 달려오며
낯익어 좋았던 새로 낯설어진
후덥지근한 마음까지 날려 보낸다

내 기어코 오늘은 서대산에 오르리라
그리하여 친했던 모든 것들과 만나리라
피어나는 구름도
이곳 인심처럼 순한 바람도
시간을 견디며
숨어 있는 아지랑이도
그리움으로 새 순 돋는 산나물까지도
모두를 만나보리라
내 잊어버린 영혼까지도
함께 불러들이리라

헌 신발

우리 집 신발장엔 두 켤레의 운동화가 있다

아직 신을 만하지만 오래 되어 싫증도 나는데다 세탁도 하지 않아 음습한 구석에 쑤셔 박혀 있는 낡은 신발,

그런가 하면 산지 얼마 안 되는 새 신발은, 여럿이 보는 신발장 한 가운데 주인처럼 자리하여 번쩍 번쩍 뽐내며 빛을 내 뿜는 듯하다

좋은 일이 있을 때나 화창한 날, 새 신발에 가뿐해지는 마음으로 나서면 모두가 따뜻한 눈으로 나만 바라보는 듯한 즐거움과 착각에 빠진다.

하찮게 여기다가도 질척거리는 궂은 날이나 힘든 일을 하는 때이면 어김없이 찾게 되는 헌 신발, 세상 지저분한 꼴 다 보며 걷게 되는데도, 이게 다 내 몫이란 듯, 시린 시간들을 여봐란 듯 견뎌낸다.

주어진 같은 일을 하면서도 판이하게 다른 대접을 받으며 묵묵하게 버티는 헌 신발의 절절한 소외감.

우리네 가는 길에, 모두의 흘러가는 시간 속에, 찌꺼기까지의 삶을 담아내면서 스스로의 지문을 지워가며 묵묵히 버티는 헌 신발이 있다.

서정의 행복을 나누어 오신 님

고향 바람, 시골길을 늘상 그리워하고
붓(筆)가는 길을 사랑하시며
낯 뜨겁지도 구겨지지도 않은
삶의길 걸어오신
열정의 교육자
순수의 시인이시여

기상과 의지가 돋보이나
결코 과하지 않게
한없는 자애로움을 펴 보이시며
서정의 행복을 나누어 오신
올곧은 선비의 자태

당신을 오래도록 떠 올리며 그리워하겠습니다
조용히 흐르는 강물처럼 영원을 향하여 거듭나소서
선배님의 영전에 고개숙여 명복을 빕니다

明齋 故宅에서

모든 짐 벗어 가벼운 가을 언덕
노성산 솔바람 향기 그윽한데
고택 뜨락 가득
오후의 햇살 곱게 뿌려진다

수 백년을 함께 해온 몇 그루 느티나무 아래
맑은 하늘이 깃든
은은하게 잘 익어가는 장 냄새가
우릴 먼저 맞는다

사랑채 깊숙이 드리우는 가을 햇살
단아한 선비를 마음 속 만나보게 되고
대문을 빗기며 들어선 고즈넉한 안 채
옥녀봉이 올려다 뵈는 대청마루에선
잠시나마 앉음새가 편안하기만 하다

지난 여름 잘 살아 왔느냐고
나를 놓아준
이 가을에게 물어 보는 즈음
곱게 들녘을 적시는 노성천 저쪽으로
고요를 깨며
나르는 새들 몇 마리

연줄

명절 끝
손자 녀석 묵고 간
방 안 구석에
장난감 하나 빠뜨리고 갔네

다 챙기라 그만큼 일렀거늘

놓고 간 자리 가득
녀석과의 보이지 않는
연줄

골목 수퍼

외진 골목에 자리한 동네 수퍼
남아있는 사람들의 무뎌진 시간들 속
으레 한줄기 바람이 먼저 문을 두드리고
아침 햇살이 첫 손님으로 들어선다

바깥 평상위엔
밤새 마신 소주병 몇 개
지친 하루를 보내면서도
제 삶을 놓지 않고 버텨온 동네 사람들의
서걱대는 시간들이 서려 있는듯한데

차고 넘치는 고요함 속
집배원이 세금고지서 두어 장
휭하니 던지고 가버리면서
한낮을 허물고 있다

삼월

조금씩 흩뿌리는 빗줄기 속
겨우내 웅크리고 있던 앞산 자락이
내게로 좀 더 다가서는 듯하다

개울가엔 어느새 나왔는지
기지개 켜며 일어서는 돌미나리
봄의 소리가 조금씩 들리는 듯하다

조용했던 내 방에도 손님처럼
빗소리와 함께 찾아드는 이 기운
내 가슴속 들이밀며
잔잔히 퍼져 가는데

닫혀 있었던 창문을 열며
잊고 지냈던 영혼이 되돌아오는
이 깨어난 새 봄

나는 첫 시집을 펴들고
누구라도 기다리며
따뜻한 차 한 잔 준비 해야겠다

봄에 부치는 편지

지리산 피아골 깊은 골짜기에 사는
친구가 보내준 고로쇠 물 한 상자
그 포장을 열면서
겨울을 견디며 간직해온 향기가
인연의 굴레들과 지난 시간들이
한꺼번에 또렷이 다가 섭니다

잊을만하면
내 무딘 가슴에 먼저 손을 내 밀어
피부 겹겹이 헤집고 안으로 파고드는 따스한 온기
한 모금만으로도 그 달달함이 입 안 가득 퍼집니다

이제 우리 각자의 풀밭에서
남은 시간들 잘 어루며
꿈꾸듯 숨차지 않을 동행을 약속하며
온기를 지닌 겸허함으로

흔들리지 않는 저녁 등불을 함께 켜 보고자 하는 즈음
그 지리한 겨울을 보낸 허망한 틈으로
봄도 어느덧 한껏 자리하고 있습니다

로키산맥의 달

수많은 세월의 산과 강을 지나
나는 이제 먼 이국 땅
칠월 한 여름에도
눈 덮인 로키산맥의 산줄기들을 바라보며 차를 달린다

한낮을 달려도
도시는커녕 인적도 없는
이 외로운 길을
변함없는 침엽수림과 반짝이는 강물만이
우리와 함께 하고 있을 뿐
참으로 위대한 자연
그 엄숙함에 입이 다물어진다

좁은 공간에서 부대끼며 숨 쉬며 살아온
차안의 이국인들에게
느닷없이 떠 오른 순간의 섬광
로키산중에도 달은 뜨고 있었다

3부

다시 꿈꾸는 가을

마음 속 갈대를

고향 길 가다가
바람 따라 잠시 들러본 탑정 호반
예나 제나
주변의 바람소리, 새 소리, 잔잔한 구름까지
너른 품에 한결같이 모두를 품고 있다

호수를 감고 돌아가는 아련한 모롱이 길
하얀 물꽃으로 그리움은 피어나고

맑은 물로 눈을 비비며 서있는 수양버들
가슴속 잔잔히 일렁이며 스며드는 한 줄기 빛
어느새 슬며시 녹아드는 초여름 기운도
모두 모두 물속 가득 잠긴다

메마른 가슴일 때는
이곳을 찾아
마음 한 자락 풀어내면서

호숫가에 낮게 엎드려

나는

조용히 흔들리며 나부끼는

갈대를 심어야 겠다

커피점 素描

외로움의 끝까지 견디다가
잠시 들러본 그곳에서
모든 것이 정지된 느낌으로
오십년도 훌쩍 뛰어넘는
세월의 저 쪽
하얀 겨울을 다시 본다

"그린 필드"대신 생소한 발라드가 흐르고
그때도 아마 나는 입구 쪽 창가에 앉아 있었지
오지도 않는 사람을 기다리며
따스한 찻잔 속에 담겨진 순수를
두 손으로 감싼 채
무심결에 바라다보던 창밖
나뭇잎 다 진 裸木의
입김소릴 듣고 있었다

두고 온 시간을 추억하는 찻집 안
무언으로 온 마음을 채우며
숨 쉬는 동안 그 만큼 가버리는
깊어가는 시간 들 속
나를 향해 걸어오는 것일까
입김 날리며
기다리던 사람들 들어서면
겨울도 저만큼 자릴 비켜선다

다시 꿈꾸는 가을

힘겹게 가뭄을 버텨오던 초가을 곡식들이
찔끔찔끔 내린 비에도 기운을 차리는가
여봐란 듯 매일 달라져가며 여문다

결코 소홀하지 않은 하늘의 보살핌과
살살 어루만지며
들판을 휘젓는 가을바람에 화답하면서
결코 지난 어려움들을 나무라지 않는 듯
살랑살랑 가벼이 흔들어댄다

아픈 머리 잠시 쉬며 바라 본 가을 들녘
나도
더 익어가는 가을을
밤새 꿈 꿀 것이다

해운대 해수욕장에서

바람 따라
여름 언덕을 함께 오른다
그리움 담아
먼 수평선을 향하는
해운대 해수욕장

찬란한 계절을 앓고 있는
설레는 사람들 속내를 알았는가
갈매기의 노래 속
먼 바다를 향해 힘껏 비상한다

호텔 창 너머 일출과 일몰을 함께 보면서
물안개 피어나는 이슥한 밤
저 멀리 물러나 있는 해송들을 적시는데

잠시 비껴나 있는 시간들 곁으로
모두가 비우며 되돌아 가는 길
솟구쳐 오르는 물비늘 위로
쉽게 잠들지 못하는 영혼을 본다

컬럼비아 대氷原에서

록키산맥의 험준한 산세에 놀라며
당도한 컬럼비하 대 氷原
에워싸고 있는 산들의
반짝이는 만년설은
여름 햇살에 눈이 부시다

수 만년의 신비를 간직한 빙하 위를
달리는 雪上車들은 마치 성냥갑 같다
조심스레 내딛는 발걸음 걸음마다
맑은 영혼의 숨소리가 전해지는데

내가 밟고 있는 얼음과 눈들이
매년 조금씩 사라진다 하니
그 큰 아쉬움 속
짜릿하게 전해지는 환희, 경이로움

저 아래 에메랄드 빛 호수와 함께
다시 볼 수 없는 장관에
입을 다물며
시야와 가슴 가득
두고두고 남을 장면들을 담아 둔다

* 캐나다 로키산맥에 있는 거대한 氷原

그대 만나러 가는 길

가는 한 해 너무 아쉬워
지리산 자락 굽이굽이 돌아
그대 만나러 가는 길

드문드문한 산간마을
연기 품어내는 사이로
초겨울은 벌써 다가와 있는데

설핏 내다 본 차창 밖으로
섬진강 물은 햇살에 반짝이며
옛 모습 그대로 반기는 듯하다

산등성이 흘러가는 구름아래
저 만큼서 다가오는 피아골 맑은 물소리
그리운 이의 얼굴이 함께 마중 한다

포틀랜드의 밤

태평양을 인접한 포틀랜드의 한적한 주택가
큰 아들네 집을 오랜만에 방문하여
뒷 뜰 한 때를 서성인다
한줄기 바람은 변함없고
구름 한 떼도 여유롭게 흘러만 간다

밤이 깊어갈수록 영롱해지는 저 별 빛
관저동에서도 본
낯익은 빛 고운 별 몇
밤하늘 향해 나도 마음을 열어 본다

가족 모두가 함께하는 시간 속
머물 수만은 없는 여로처럼
삶은 늘 어느 순간에서나 빛나는 것이라고
그 삶속에서
고요함과 사랑을 함께 풀어나가라고
이 밤이
저 별들이 속삭이며
내 가슴 그득이 머문다

루이즈 호수

벤프 국립공원 한 가운데
록키가 빚어낸 빙하 호수
하늘의 영롱함이 땅 위에 그대로 젖어 있는 듯 하다

雪山과 키다리 침엽수림이 함께 엮어내는 멋스러움
숨이 멎을 듯 아름다운 수면위로
잦아드는 한 나절 햇살
조용히 일렁이는 푸른 물결은
여정이 바쁜 나에게 나직이 속삭이는 듯하다

어제와 오늘
보이는 것과 보이지 않는 것
모든 게 이어지고 끊어지는 허공의 공간일 뿐이라고
그리고 부드러운 고요한 마음만이
그 속에 존재하는 것이라고

은은한 달빛이 머무는
가을밤을 연상케 하는 서늘한 바람마저 분다

* 캐나다 알버타주 벤프 국립공원에 있는 호수

작은 섬

초록 빛 바다위에 떠 있는
그림 같은 우도를 둘러보며

내 마음에도 그 깊은 한 쪽
그리움처럼 떠 있는
작은 섬 하나 품고 살았으면 싶다

보고 싶은 이들 찾아와
아름다운 시간들 보낼 수 있게

음향은 꽃 이파리처럼

햇살 싱그러운 칠월
조용히 부푸는 가슴에 잔잔한 소망 담아
끝없이 너른 태평양 건너
큰 아들 사는 미국 땅엘 가는 발걸음
첫사랑 편질 열어보는 짜릿함이려나
잔잔한 하늘에 널리 깔린 새털구름이
설레는 가슴을 조용히 보듬는 듯하다

간절한 꿈 하나 깊이 간직하고
더 넓은 세상을 열기 위해
그곳에 건너간 지 여러 해
훌쩍 커 버렸을 손주들 끌어안을 기쁨에
벌써 설레는 여정
여객기는 다시 기운을 내며
창공을 가르는 힘찬 나래를 펼친다

북극의 신비한 광채가 스며들고
여객기의 온갖 것이 기도가 되어
음향은 꽃 이파리처럼 가볍게 하늘을 가르는 즈음
우리 부부의 마음은 이미 공항에 닿아
사랑 한가득 머금고 활주로를 신나게 뻗어 나가고 있다

LA한인 타운에 와서

껍질을 벗는 오랜 시간
이제 이곳에 와서 둥근 달을 본다
그리 설레기만 할 줄 알았던 철없음은
저들과 함께 혹독한 겨울을 지나온
이국의 가로수들마저
늠름한 모습으로 내게 다가온다

작은 밀알 이었던가
타오르는 불꽃 이었던가
한 많은 고단함의 깊은 사연들 다 접어두고
불어오는 바람 속에서도
말하지 않는 속내의 미열을 느낀다

이제는
한낮을 지난 시원한 여름 밤
그래도 잠들지 않는 저 너른 바다 위
한없이 끌리는 장한 어깨들의 손짓들은

잊혀지지 않는 불면의 목표들을 다시 세우며
깊고 깊은 우리 모두의 말들은
온갖 기도가 되어 침전된다

마나가히 섬에서

끝없이 너른 대양 한 가운데
외로운 한 줌의 작은 섬 '마나가히'
산호초가 빚어 낸 에메랄드 물빛으로
낯선 관광객은 눈이 부시다

시원한 남국의 야자수 그늘 아래
유리알처럼 맑고 깨끗한 바다는
희고 검고 누런 피부 빛깔들을
아랑곳하지 않고 모두 품으면서
해수욕장은 온기와 시원함을 함께 제공한다

하늘 위를 유유히 날며
자유로움을 즐기는 '패러새일링'들
모두 모두가 행복하고 멋진 순간들을 한껏 누린다

두 번 못 올 것 같은 진한 아쉬움 속
되돌아서는 모두에게
변함없는 물결만이
한결같은 몸짓으로 너울댄다

* 남태평양 마리아나 군도의 작은 섬

만세 절벽에서

거대한 태평양 바다위
작은 녹색의 섬 끝 절벽
무심하게 서 있는 표지판 아래론
환상적인 옥빛 물결만이 넘실댄다

찢어진 낡은 대포 몇 문과 조각난 전략사령부
처참했을 제국주의 망령들이 보이는 듯 하다
맑은 영혼이 숨 쉬는 선택받은 땅
이 작은 섬에서 벌어진
소름끼치는 미치광이들의 선동과 전율
'천황폐하!'를 외치며 절벽 아래로 뛰어내린
무지 몽매한 천여 환상들이여

불현 듯 현기증을 일으키며 내려다본
저 아래 마리아나 깊은 해구 위로
간간이 내리는 한낮의 스콜이
아픈 기억을 잠시 씻어내는 듯 하다

* '싸이판' 섬의 북쪽 끝에 있는 절벽, 2차 세계대전 당시 패전한 일본군과 현지 주민등 1000 여명이 뛰어내려 자살한 곳

길을 걸으며

길을 걷는데
건너편 신호등에 파랑불이 켜 진다
혹독한 지난 겨울을
잘 이겨낸 사람들
이 봄을 기쁘게 맞이하라고

길을 걷는데
길가의 개나리 꽃이 봉긋이 반긴다
따스하고 진실한 마음속
사랑은 예 제서 봄꽃처럼 피어 난다고

길을 걷는데
동네분이 음료수 한 병을 건넨다.
작은 일상 부딪치며 살아가는 사람들 사이
감사하며 잘 지내라고

우도 올레 길

저 건너 한라산 산 빛은
가을 햇살에 더욱 반짝이고
오후의 등대섬은
생선처럼 파닥이며 다가오는데
소머리 오름 억새들은
바람 따라 가볍게 우릴 향해 손을 흔들어댄다

마주치는 사람들과 눈인사도 함께 나누며
가을바람 따라 함께 걷는
이 길

길가 구절초 몇 송이
풀어놓은 사연들
한 없이 푸른 남해 바다 위에
작은 파도 되어
출렁대며 다가오는데

다시 돌아 나오는 길
빈손인 허전함속
마주 뵈는 일출봉은 의연하기만 한데

나도
잠시 작은 섬이 된다

눈빛만으로도 하나 되는

정유년 새해맞이 첫 날
멀리 미국에서 살고 있는 큰 아들 가족이 영상으로 세배를 선물한다
온 가족이 모니터를 들여다보며 환해 지는 모습들
오늘은 더욱이 옆방에 있는 사람들처럼 편안하다
인사와 덕담이 오가고
아이들은 더더욱 신이 나서 대화가 이어진다

고개 들고 서로 간에 방끗 웃는 저 꽃송이처럼 환한 아이들
우리 곁에서 하나 되어 서로 흔드는 저 손들
각자의 화단에서 그리움의 햇살 받으며 자라지만
소망의 이 새 아침을 우애를 다지며 함께 맞는 다는 것

그래! 우리는 먼 길을 제 각기 가는게 아니란다
가슴 속 따스한 사랑을 알뜰하게 보듬으며
서로의 눈빛만으로도 하나 되는 가족애로
온기와 사랑을 주고 받으며 그렇게 자라는 거란다

부딪치는 모든 것들 배우고 소통하며
너희들 모두
이 세상 값진 보석으로 올곧게 자라거라
꿈을 이루어 함께 빛을 뿌리거라

바람 부는 봄날

햇살 푸른 바람 부는 봄 날

지루한 한나절 봄내음이 그리워
영덕 해맞이 공원에서
작은 포구를 바라보는 시간

기다리며 존재하는
건너편 빨간 등대는
떠나지 않는 그리움
제 속도로 쉼 없이 풍력 발전기는 도는 데
너를 바라보는 시간
한 줄기 소나기처럼 닥아오는
내 마음 속
잠든 꿈은 고개를 디밀고

뒷모습 보이며 저만 큼 가버리는 계절 따라
내 영혼의 배도 함께
흰 돛을 달아 본다

햇살 푸른 바람 부는 봄 날

周易을 읽으며 (2)

사서삼경도 제대로 專修치 못한 터수에
우주와 인간관계 천문, 지리 등
제반 고유 사상에 대한 최고의 동양 철학서
그 경향을 더듬어 엿보는 일 자체가
자신도 부족하여 온당치 않은 회의감을 갖게 된다

서구사회의 개인주의 사상이 팽배하고 있는 즈음
死滅化된 유교의 古來的 원리를 더듬는 일이
현실에 큰 도움은 안되겠지만
늘그막 동양의 전통 문화에 재투자 하는 일도 바람직한 듯하다

우주의 진리가 순환 반복되고 있음도
생명창조과정으로서 變化는 최고의 가치로운 과정임도
겸양의 행동거지로 中正을 지키며 살아가야 함도
불안정 불확실한 현실세계에서
생명이 최고의 善임을 새삼 되뇌며

참다운 판단까진 못 되더라도
큰 가르침이 될 것임엔 틀림없으리란
확신도 점점 더 해간다

이 세상 이치를 속 좁은 내가
어찌 다 깨우칠 것인가
새로운 思惟로 정신을 가다듬어
핵심에 다가서진 못 하더라도
몇 가지 살아가는 지혜라도 깨우쳤으면 하는
작은 바램으로 책장을 넘겨 나간다

한 그릇은

지난 추석 때 차례 준비에
떼 지어 온 손주들 뒷바라지에
몸살이 단단히 난 아내가
갑자기 영양탕이 먹고 싶단다
"병원에 가서 링거나 한 대 맞지 웬 영양탕을 -"
건성으로 말하며 함께 집을 나선다

음식점엘 들어서니
세상사는 사람들 소리로 떠들썩하다
무두가 누군가와의 인연으로 수없이 들랑거렸을 그집
때에 절은 온기 품은 문을 열고
그 사람들 속에서 소리친다

"한 그릇은 특으로 주세요!"

노보리베츠 지옥 계곡을 지나며

며칠간의 달달한 여정을 꿈꾸며 나선
홋가이도 여행 길
황량한 구릉 사이 품어져 나오는 수증기와
강렬한 유황 냄새가 코를 찌르는
지옥계곡 앞에 마주 선다

처절하고 치열한 삶의 안팎 고빗길
예까지 온 자신을 잠시 되돌아보며
길지 않은 여로에
삶의 소중함도 새삼 다가온다

억겁의 세월을 지나온 저 진한 연기 속
누구나 마음대로 열고 들어설 수 없는
이승과 저승, 천국과 지옥의 갈림길
품어져 나온 온천수에 발을 담그며
지옥이라기 보단
자연의 경이로움에 먼저 찬사를 보낸다

* 일본 홋가이도에 있는 화산 관광지

4부

조용히 반짝이며

조용히 반짝이며

지속되는 한낮의 폭염으로
잠 못 드는 밤을 견디려
창을 열면
흘러가는 바람이
내 가슴도 함께 열어 제낀다

낮보다 한결 가까워진 듯한
건너다 뵈는 아파트의 불빛들
해묵은 서러움들이
느린 달의 여운으로 함께 흘러가고

나는 어디서 흘러 왔을까
괜한 궁금증에
몇 안 되는 저 별들은
바라 볼 수 있는 나만의 그리움인가
늘상 그 자리에서 조용히 반짝인다

손이 닿지 않는 허공 속
바람 따라 가는 구름

달무리와 함께 밤이 흘러가고
길게 드리운 아파트 그림자 데불고
또 건너가는 평범한 하루가
침묵 속에 조용히 흔들린다

바람이 불어가듯

지팡이에 의지한 채
긴 그림자 데불고
연신 눈물을 훔치며
요양병원을 나서는
꽤 낯익은 노인 한 분

다가가 조심스레 연유를 묻자
오래 입원해 있는 아내를 보러
늘 다니고 있는데
오늘은 왠지
누워 있는 채
고개를 외면하고 아는 척도 않더란다

가로수들이 한 순간
낙엽으로 무너져 내려온 저분에게
입속에서만 맴도는
내 작은 목소리가 위로가 되었으면

엉뚱한 바램으로 망설여지는데
말을 꺼내기도전

텅 빈 초겨울 하늘 바라보며
쓰디 쓴 눈물 한 방울
저녁놀에 걸리어
나목들 사이
바람이 불어 가듯 그가 간다

봄 햇살

보문산 공원 입구 아침 산책 길
한밭 도서관 옆을 지나며
작은 가방을 든
젊은이들과 마주하게 된다

십여 년 전 근처의 직장 출근 시간에도
숱하게 보아 온 모습들
세월은 저만큼 가는데
변한 게 없는 풍경들이다

꽃샘추위에 움츠려 드는 듯
머플러에 얼굴을 묻고
책가방을 생명줄처럼 움켜잡은 채
한결같이 도서관을 향하고 있는
취업 준비를 위한 소위 고시 족들

누구나 한 때는 저런 시린 시간을 보내야하는가

조금 걷다가 되돌아보며 생각하게 되는
엄숙한 순간들

이제 봄 햇살 속 싹을 틔워
잘 익을 여름 햇살을 소망하는 저들에게
마음 속 고개 숙이며 조심스레 발길을 옮긴다

늦 여름 斷想

대둔산 자락 완창리 계곡
처서가 낼 모랜데
늦여름을 내 팽개치듯
이곳저곳서 성큼 성큼 물가로 뛰어 드는 피서객들

견딜 만큼 견뎌낸 지루한 시간들 속
질리도록 겪어왔을 세상살이 허망함도
등줄기 휘도록 짓누른 삶의 무게도
흐르는 물에 던져버리면서
달려드는 저들 모두를
아무도 나무라지 않는다

모두가 각자의 사연으로 이곳에 왔지만
함께 햇살 쪼이며
쏘아대는 물보라를 맞는다
물장구로 흩뿌리며 떨쳐내는 상흔들
넘쳐흐를 뿐인 , 흘러가는 것뿐인

물속의 시간 속
무언가로 온 마음을 새로 채워간다

느리게 떠나는 팔월 오후를
제 생각들 고만고만하게 추스르며
조용히 물가를 벗어나
이제 젖은 오후를 말리면서
길동무 하나 새롭게 마음에 두면서
돌아가는 길
이번 여름도 끝내 길을 비끼고 만다

나도 바람으로 흘러가리라

가슴 속 쌓여가는 이야기들
무엇인가를 다시 채우는
한줄기 바람으로
아파트 정원 속 낙엽처럼 나 뒹구는데

여유롭지 못하게 지내온
지난 계절의 땀 냄새를
지우려는 듯

하늘의 별보다 많은 창들의 불빛으로
빛 고운 날들을 보내다가
누구나 형형색색으로 물들어 가는 즈음
시린 그리움 그리며 떠가는 하늘가 구름
나도 바람으로 함께 흘러가리라

봄빛

보드라운 엷은 바람
연신 풀잎을 간지럽히고

물위에 웃음 띤 얼굴 그려주며
더 그립게 하는 당신은 어디서 오는 건가요

마음 속 한 송이 꽃 피우며
연녹색으로 곱게 채색해 가는 하루 해

봄빛은 꿈을 꾸는 우리들 곁에
가득히 머물고 있습니다

비단강 오랜 줄기처럼

비늘구름 간간이 낀 맑은 하늘 아래
아름다운 꽃 들 지천으로 피어나는
온통 봄 내음 가득한 운동장

학교와 함께 자라온
소나무 느티나무 아래
아이들 바라다보며 살포시 웃음 띠는
바람과 함께 달려보는
모두가 아름다운 시간들 속에 함께 머무는데

서로가 내달리기도 하고
함께 공을 차면서 크는
꽃봉오리보다 더 고운 저 어린아이들
이 푸르디푸른 세상에서
따스한 봄볕 듬뿍 마시며
저 너른 들녘의 기상처럼

비단강 오랜 줄기처럼
그렇게 쉬임없이 크게 흘러가리

그래도 바람은 분다

아파트 긴 그림자 이끌며
성근 시간들 속으로
스산한 하루해가 저물어간다

여름 내내 휴업이던 포장마차
다시 켜진 어스름한 불빛 너머
여린 목줄기 덮여줄 듯
따스하게 다가오는 손길 바쁜 뒤척임의 그림자

늘상 가슴속 아스라한 그리움은
계절과 함께 낙엽처럼 쌓여 가는데
가로등 위로 바람은 시리게 지나간다

누구나 형형색색으로 물들어 가다가
조각난 마음들과 더불어
시간의 잔해처럼 성근 나뭇가지 사이로
헐겁게 흘러가는 바람만이
투명한 시월을 어루만지고 떠난다

노을

지나버린 시간들의 그리움을 따라
소중한 흔적들을 어루만지며
꽂지 해수욕장의 저녁노을 아래
바닷바람과 다시 마주 합니다

해수욕장 입구 길 한 쪽
뜨거운 환호 속
노을까지 태우던
불덩이의 지난 여름을 견디며
겸손하게 피어있는 가을꽃이
함께 맞이합니다

텅텅 비워두고 묵묵히 떠나는
어느 늦가을의 포구엔
역시 머물지 않는 노을도
내 눈길 따라 삶의 궤적을
따라 저무는데

남은 자들만의
허기진 지친 마음들을 맞는
상가의 불빛이 밝혀지고
두 번 오지 않을 시간들 속
그래도 바다는 다시 내일을 꿈꾸는 듯
조용히 출렁댑니다.

봄 나들이

풀린 산하에 봄빛이 그윽한 날
맑은 봄 하늘 아래
새 물감을 칠한 듯 낯익은 정감있는 풍경들이
나를 손짓 합니다

하염없이 이어지고 되살아나는
가지와 가지사이
빈 허공을 응시하며 걸어갑니다

다져 놓고 사라져간 많은 이유들
스멀스멀 되살아나 가슴 벅차게 하는
영영 주저앉지 않는 그리움을
투명하게 다시 되살려내는 바람을 맞습니다

내 안의 적막을 일깨우곤
그 사잇길을 조용히 지나쳐 갑니다

모두가 하나같이 반짝이는 별들로
- 손주들 음악 발표회를 축하하면서

배경 음악과 함께 열어젖힌
다 예린 유치원 음악 발표회 무대

꿈 가득 담은 작은 별들처럼
드넓은 벌판 팔랑대는 나비들처럼
우리 앞에 곱고 행복 가득한 빛으로
모두가 하나같이 함께 반짝이며
예쁜 색깔로 그리는 신선한 몸놀림과 노래에
우린 연신 박수와 환호를 보낸다

너희들이 색칠하며 수놓으며
펼쳐가는 이 푸른 세상
그 예쁜 미소만으로도
더욱 환해지고 아름다운 빛으로 가득 할 이 세상

이 너른 세상 모두가 너희들 것 이란다
싱그러운 나무들처럼 쑥쑥 자라거라

행복한 생각으로 꿈을 키워 나가거라.

맑고 고운 꿈을 펼쳐 나가거라

늦은 봄

아내가 여러 날 여행을 떠난
다음 날
평소보다 이른 아침 밥상을
홀로 맞는다

고향의 논밭뙈기 같은
부엌세간 들이
새삼 정겹게 다가오고
냉장고 문을 열면
아내의 속살을 보는 듯
꽉 배긴 살림 모습이 새삼스럽다

일러준 대로 차려놓은 반찬
조금만 뿌리라던 소스를
야채에 조심스레 뿌려대며
약하게 데운 탓일까
황태국은 영 제 맛이 아니다

저녁에 먹고 자라던 약 그릇이
소반위에 다소곳하고
어느새 만들었을까
주말에 다녀간다는 아이들 챙겨 줄
밑반찬 몇 가지가
냉장고 안쪽 가지런하다

더 넓어진 듯한 거실과 현관
쓸며 닦아보는
시간과 상념이 자유롭다

베란다 저 쪽
널어두고 간 빨래 옷가지 위에
늦은 봄의 햇살이 빛나고 있다

다시 자리를 털며

성근 나뭇가지 사이
늦가을의 햇살이
헐거워진 시간들을 채우고 있는
계룡산 남매탑을 향하는 등반 길

땀을 뻘뻘 흘리며 도착한 삼거리에서
잠시 숨을 돌리는데
옆에서 쉬던 친구가 말한다
"남매탑이 자꾸만 멀리멀리 이사를 가네!"

해마다 찾는 이 길
어찌 봄빛으로만 가득할 수 있겠는가
허망한 겨울이 오기 전
그래도 저무는 저 노을의 시간만큼 허락된
이 기쁨의 시간들

자리를 털며 일어서서
돌아온 길을 잠시 바라보곤
저 굽은 등 너머를 향해
훌훌 털며 다시 길을 재촉한다

앞으로의 시간

치과 문을 나서며
빌딩 아래 조그만 화단을 지나치다가
잠시 통증을 잊은 채
화안히 피어있는 작은 꽃에 시선을 꽂는다

문득 스치는 생각
다시 피어나지 않아도 좋다
너를 바라다 볼 수 있는
앞으로의 짧은 시간도 소중하니까

교차로에서

노을이 우리의 이부자릴 펼 때
신의 곡성은 새로운 의지를 잉태

길을 걷다가 질의하며 서는 지점
하늘 변두리에 위치하며
오늘을 살아가는 메시아, 메시아

혼나간 가시내가 손짓하고 간 자리
즈믄 햇살의 여운이
손잔등 가득이 남아 있어

울어보라
지껄여 보라

보상 없는 음식물을 먹어 치우듯
하루가 가면
내일은 또 오는 저 행렬

시꺼먼 밤이 창들의 불빛에 조금은 녹아
감상에 젖기보단 계시가 오는 지점

樹木

나무는
풀씨만큼의 사랑을 말하다 죽어간
눠 여인의 풋풋한 단어

눈물일 수도 없는
녹이 슨 산짐승들의 그늘일 수도 없는
무형의 자세로
먼 날로 흐를 강구에서
파도처럼 출렁이고 있었다

썩은 江河가
소리 없는 밀물을 하고
황토인 산위에 盛夏가 펼쳐지면
손잔등 가득하던 즈믄 햇살의 여운

연륜은
안으로 곱게 가다듬는 하늘

싱싱하던 5월의 기억과
네 마지막 보람이

떠나던 이들의 차창에서 나부끼는
티켓처럼 낙엽으로 흩날릴때
사철은 부자연한 너희 생리에
늘상 네 언저릴 배회하고

가슴만은 텅 비워두자
하여 나무는 하늘을 향해 치솟는 것

나무는 서서히 펼쳐지는 깃발

뉘우침을 모르는 잎들을 보며
어느 원색진 모퉁일
피울음으로 떠나간
미미한 날짐승의 행렬을 기억하는 겐가!

숨결

긴 날
차가운 생애같은
밤
밤으로 맞아 들이면

너는
더 할 수 없는
내 이웃들이었다

구겨진 자세로
어둠을 밀어 창이라도 빗기자

다사로운 중압감에
숨결마저 잃은
계절의 詩神이여

안쓰러웠던 자태는
묵묵한 長松
내부로 젖어드는

허허로움이여
유창한 노래 가락이여

육중한 솜씨로
새벽 같은 먼 봄을 기다리는 이 지점

폐허인 내부는
樹林속으로 물살져 가고

죽어가는 가슴팍이들에도
숨소리는 들려오고 있었다

귀로

돌아갈 자리에 자리에
어쩌면 저리 고운 하늘

삶을 바라
그리움을 좇아
마구 뒹굴던 나날

神話를 모르는
너는
끝내 돌아오지 못할 강물

생생한 가로수의 기억은
먼 날
그리운 이의 소리

사뭇 풋풋한 詩語가 되어
그래서 나는

되돌아 서는가
나는
步道 위에 머무는 마른 잎

흐느낌 같은 여로에
우는 게냐
우는 게냐

어느
그리운 물살이 이는 가슴에
보랏빛 서신이 온다

비 오는 밤의 소리

퐂말 없는 나룻터 새 강물 흐르는 소리

긴 날을 두고 바래던 염원이 너와나의 가난한 영역에 따스한 손길로 어루만져 주는 밤, 비가 어둠과 함께 포말처럼 닥아서면 태초의 열띤 암벽으로부터 조용히 해빙되는 강물소릴 듣는다

먼 강바람 소릴 듣는다

아무러한 기다림, 약속도 없이 우리의 주변과 내부를 하나로 보탬하는 저 비는, 상흔을 안고 돌아간 철새들의 피울음 번지는 언저리에서 스스로 피어난 들꽃의 나직한 손짓 같은 음영이 있다.

설레일 수 없는 빗소리는 굵은 반주, 밤은 잊어버린 싸늘한 체온을 애무하고 있는 것일까, 밤은 아무데나 골고루 나리지만 계절이 오가고 바람이 눈을 부비고 어둠이 내리는 너의 동요도 환희도 없는 무형의 권태스런 자태를 기억하지 못하는 우리는 밤을 사르는 네 음향에 설레이고 있었다.

비 오는 밤은 사랑을 꿈결인양 보내 버린 슬픈 여인의 초상이 하나 더 늘어가고, 배신만도 아닌 육체는 빗속을 헤매는데 비는 말없이 승화한 넋들의 유언이라도 들려줄 수 없겠는가

불안정한 위치만도 아닌 오늘을 연명해 가는 노정에서 숨가쁜 할딱임의 악보없는 명곡 감상

비는 내게로 향하는 토막진 체념들을 새벽이 주는 환한 영토위로 꽃밭같은 씨앗을 뿌리고 출렁이는 가파를 언덕위에 작열하는 태양을 다시 기억하게 하는가, 그리운 사람만도 아닌 설화가 장만되면 비는 거친 숨결을 거두어 보다 그리워할 내일에의 깃발이라도 세워 보라

詩를 써야지

새해엔
시를 써야지
길들여진
나의 오랜 불감증을 털고
잔잔한 몸짓으로 일어서야지

새해엔
다감한 눈빛으로
안으로 곱게 다듬으며
그렇게 시선을 쏟아야지

차가운 기억의 저 편
얼마 전 이야긴가!

대흥동 혜남약방
素汀 선생님의 방 문은
언제나 열려 있었지

우리는 감초며 숙지황을 몰래 꺼내 먹곤하며
시시덕거리고
졸가리도 안 닿는 글을 내 놓으며
그래도 시선만은 뜨겁게 응시하던 날들이여

시를 쓰던 영이
소설가를 탐하던 본이
시조를 읊조리던 균이

흩어지고 넘어지고 쑤셔 박혀도
우리의 서러운 흩어짐은
안으로 쌓여지고

용두동 뒷골목
하숙방에서 듣던 막차 지나가는 소리
悔恨과 눈물과
속살의 뜨거움을 의식하던 날들

방문을 열면
"길 막혔음"의 팻말

신나게 오줌을 갈기고 나면
작은 떨림으로 움츠려 들던
우리의 젊은 육신

돌아보면
아깝고 얼띤 몸짓들이여

새해엔
시를 써야지
回憶의 차가운 굴레를 벗고
늦 꿈에 아픔으로 다가서며
그렇게 깨어 나야지

조용히 반짝이며

윤 충 시집

발 행 일 | 2018년 12월 19일
지 은 이 | 윤충
발 행 인 | 李憲錫
발 행 처 | 오늘의문학사
출판등록 | 제55호(1993년 6월 23일)
주 소 | 대전광역시 동구 대전로 867번길 52(한밭오피스텔 401호)
전화번호 | (042)624-2980
팩시밀리 | (042)628-2983
전자우편 | hs2980@hanmail.net
카 페 | cafe.daum.net/gljang(문학사랑 글짱들)
cafe.daum.net/art-i-ma(아트매거진)

공 급 처 | 한국출판협동조합
주문전화 | (070)7119-1752
팩시밀리 | (031)944-8234~6

ISBN 978-89-5669-972-1
값 9,000원

* 이 책은 교보문고에서 E-Book(전자책)으로 제작 · 판매합니다.
* 잘못 제작된 책은 바꾸어 드립니다.
* 이 책은 대전문화재단 과 대전광역시 에서 사업비 일부를 지원받았습니다.